ARMIN TÄUBNER

Tapfere **Ritter**

▶32

▶40

▶34

INHALT

▶18

Tapfere Ritter

Du möchtest ein wahrer Recke sein, mit Pferd, Waffen, Helm und Rüstung? Du schreckst vor einem zünftigen Rittergelage, der Belagerung einer Burg, dem Verteidigen deiner Kammer und dem Kampf mit dem Drachen nicht zurück? Du hast aber auch ein scharfes Auge, einen wachen Verstand, eine ruhige Hand und kannst mit Schere, Klebstoff und Farben umgehen? Dann ist dieses Buch genau das Richtige für dich!

Hier zeige ich dir, wie du dir deine eigene Rüstung samt Helm basteln kannst. Auch das Herstellen typischer Ritterwaffen erkläre ich dir, ebenso kannst du eine Burg basteln oder eine originelle Ritterfeier ausrichten. Dekorationen für dein Zimmer sind mit dabei und ein spannendes Würfelspiel darf auch nicht fehlen. Lass dich überraschen, es warten noch weitere tolle Bastelideen auf dich!

Ich wünsche dir viel Spaß beim Basteln und Spielen!

Sturm auf die Ritterburg

tapfere Recken verteidigen ihre Festung

MOTIVHÖHE
Eckturm ca. 21 cm
Ritter, Pferd und Kanone ca. 10 cm
Drache ca. 14 cm

MATERIAL
BURG

* 2 Bogen Schnipselkarton in
  Beige, 50 cm x 70 cm
* Fotokarton in Rot, 21 cm x 16 cm
* Tonpapierreste in
  Schwarz und Weiß
* 4 Schaschlikstäbchen,
  mind. 15 cm lang

RITTER

* Weinkorken, ca. 4,5 cm lang
* Wattekugel oder Holzperle,
  ø 2,5 cm
* Aludraht in Silber, ø 2 mm,
  3 cm lang (Hals) und
  2 x 5 cm lang (Arme)
* ggf. Chenilledraht in Schwarz,
  ø 1 cm, 2 x 7 cm lang
* Flauschfeder in Rot oder Blau
* Tonkartonreste (Schild, Füße)
* Alukartonreste (Waffen)
* Schaschlikstäbchen, 20 cm lang
* Filzstift in Schwarz, fein
* Acryl- oder Bastelfarbe in Silber
* Körner
* Rundzange

VORLAGE
Bogen A

Burg

1 Fertige die Schablonen von den Burgteilen an. Bei der Schablone für die Außenmauer schneidest du auch das Tor an der durchgezogenen Linie ein und klappst dann die beiden Torflügel an den gestrichelten Linien auf. Bei der Schablone des Burghauses wird ebenfalls das Tor aufgeklappt. Auf den Vorlagen sind am Rand auch immer wieder kleine Kerben eingezeichnet, die den Beginn von Faltlinien entlang den gestrichelten Linien markieren. Wenn du die Kerben in die Schablonen einschneidest, ersparst du dir später, wenn der Karton angeritzt und gefaltet wird, das Nachmessen.

2 Äußere Burgmauer: Übertrage den Umriss viermal auf den Schnipselkarton, übertrage dabei aber nur einmal die Einschnitte für das Burgtor. Schneide dann die Mauern aus. Lege an die beiden gestrichelten Linien das Lineal an und ritze sie mit der Scherenspitze an. Die beiden Randstreifen lassen sich jetzt leicht umklappen. Mache dasselbe am Burgtor und klappe die Torflügel auf.

3 Ecktürme: Schneide bei der Schablone die acht Kerben ein. Dann überträgst du den Umriss samt Kerben viermal auf den Karton. Schneide die vier Quadrate aus und ritze sie entlang den gestrichelten Linien ein. Danach kannst du den Eckturm falten. Den schmalen Randstreifen bestreichst du mit Klebstoff und klebst dann den Turm zusammen. Die anderen drei Türme arbeitest du ebenso.

4 Burgmauer und Ecktürme verbinden: Bestreiche einen der beiden umgeklappten Randstreifen der Mauer mit Klebstoff und klebe ihn am Eckturm an. So verbindest du alle Elemente miteinander.

5 Burghaus: Das Mauerteil wird zweimal ausgeschnitten, das Tor musst du aber nur einmal übertragen. Ritze auch hier die gestrichelten Linien an und falte den Karton. Bevor du die Mauerteile zusammenklebst, klebst du noch die Fenster aus schwarzem Tonpapier auf. Bestreiche jetzt die beiden schmalen, senkrechten Randstreifen an den Mauerteilen und klebe das Burghaus zusammen.

6 Burghausdach: Ritze das Burgdach aus rotem Tonkarton in der Mitte an der gestrichelten Linie an und falte es. Dann streichst du Klebstoff auf die sechs schmalen Randstreifen an der Oberseite der Mauern, die du vorher schon angeritzt und umgeklappt hast. Bringe das Dach an und drücke es leicht fest. Nun kannst du das Burghaus umdrehen. Lege eine Dachfläche auf den Tisch und drücke innen im Burghaus die Randstreifen richtig an.

7 Bemale die Fahnen und das Wappen nach deinen eigenen Vorstellungen. Klebe dann die Fahnen um ein Ende eines Schaschlikstäbchens. Dann klebst du die Stäbchen in die Ecken der Türme. Das Wappen wird über dem Tor angebracht.

> **Mein Tipp für dich**
>
> **Abwandeln** Du kannst die Burg ganz nach deinen Wünschen bemalen und dekorieren.

Ritter

1 Male den Korken und die Wattekugel oder Holzperle silbern an. Mit dem Körner bohrst du die Löcher für den Hals- und die Armdrähte und eventuell für die Beine in den Korken. Stecke dann die Drähte ein. Bevor du den Kopf aufsteckst, malst du noch mit einem feinen schwarzen Filzstift das Visier auf. Nun klebst du die Feder in den Helm. Dafür musst du in die Wattekugel mit dem Körner ein Loch stechen.

2 Übertrage die Umrisse von Schwert, Füßen und Schild mithilfe von Schablonen auf Karton und schneide die Teile aus. Den Schild kannst du entweder direkt an den Drahtarm kleben oder du schneidest einen Kartonstreifen, 1,5 cm x 0,5 cm zu, faltest ihn mittig und klebst ihn dann hinten so auf den Schild, dass der Armdraht noch durchgesteckt werden kann.

3 Als Lanze bemalst du ein Schaschlikstäbchen silbern. Dann kannst du den Rittern ihre Waffen in die Hand geben, indem du das Drahtende mit der Rundzange zu einer Öse biegst und Lanze oder Schwertgriff in diese steckst.

4 Die stehenden Ritter bekommen Füße angeklebt, die Reiter bekommen Beine aus Chenilledraht, die du in die vorgebohrten Löcher klebst.

MATERIAL

KANONE

* 3 Weinkorken, ca. 4,5 cm lang
* fester Karton (z.B. Schachtel)
* Schaschlikstäbchen
* Acryl- oder Bastelfarbe in Silber und Schwarz
* Zirkel

PFERD

* 4 Weinkorken, ca. 4,5 cm lang
* Aludraht in Braun oder Schwarz, ø 2 mm, 4 x 8 cm lang (Beine) und 11 cm lang (Zügel)
* Chenilledraht in Schwarz, ø 1 cm, 4 cm lang (Mähne) und 5 cm lang (Schwanz)
* Acryl- oder Bastelfarbe in Braun oder Schwarz
* Seitenschneider
* Rundzange

DRACHE

* Fotokarton in Grün, 30 cm x 15 cm, und in Schwarz, 15 cm x 10 cm
* Filzstifte in Gelb, Rot und Schwarz

VORLAGE

Bogen A

Kanone

1 Klebe zwei Korken aneinander und male sie silbern an. Einen weiteren Korken halbierst du der Länge nach und schneidest in die glatte Schnittfläche einer Korkenhälfte mit dem Messer in der Mitte eine Querrinne ein. In diese wird später das Schaschlikstäbchen als Achse eingelegt.

2 Schneide einen Streifen (14 cm x 2,5 cm) aus stabilem Karton aus und klebe den halbierten Korken (mit der Rinne) so auf den Kartonstreifen, dass er an einem Ende bündig anliegt. Jetzt kannst du alles schwarz anmalen.

3 Zeichne mit dem Zirkel auf den Karton zwei Kreise (Radius 3 cm) und schneide sie aus. Stecke das Schaschlikstäbchen bei beiden Rädern in die Einstichstelle des Zirkels und ziehe es wieder heraus. Male dann die Räder schwarz an und kürze das Stäbchen auf 6 cm. Dann steckst du es in die Rinne des halbierten Korkens (den du auf den Kartonstreifen geklebt hast). Auf die Stäbchenenden klebst du die beiden Räder.

4 Zum Schluss muss nur noch die silberne Kanone auf das Fahrgestell geklebt werden.

> **Mein Tipp für dich**
>
> **Hilfe beim Schneiden** Lass dir beim Schneiden der Korken unbedingt von einem Erwachsenen helfen.

Pferd

1 Schneide einen Korken in der Mitte durch und klebe dann einen ganzen und den halben Korken für den Rumpf zusammen. Für den Hals schneidest du vom dritten Korken ein Ende schräg ab und klebst dieses schräge Korkenende als Hals an den Rumpf an. Den vierten Korden schneidest du für den Kopf der Länge nach in der Mitte schräg durch. Klebe den Kopf auf den Hals.

2 Schneide mit dem Seitenschneider pro Bein ein 8 cm langes Stück Draht ab. Mit der Rundzange kannst du nun ein Drahtende zu einem Huf biegen.

3 Bohre mit dem Körner vier Löcher für die Drahtbeine in den Rumpf und stecke sie hinein. Für den Schwanz bohrst du auch ein Loch.

4 Dann kannst du das Pferd ganz nach deinem Wunsch bemalen. 4 cm Chenilledraht klebst du als Mähne an. Der Schwanz ist 5 cm lang und wird in das vorgebohrte Loch geklebt.

Drache

1 Schneide die Rumpfschablone an zwei Stellen an der Unterseite mit der Schere ein. In diese beiden Schlitze werden später die Beinpaare eingesteckt. Die Beinschablone hat einen Steckschlitz an der Oberseite.

2 Übertrage die Umrisse von Rumpf und Beinen auf den grünen Karton, die Beine brauchst du zweimal. Vergiss nicht, die Steckschlitze einzuzeichnen. Den Umriss des Flügels überträgst du zweimal auf schwarzen Karton.

3 Schneide alle Teile aus und schneide auch die Steckschlitze ein. Die Flügel und die Füße werden an den gestrichelten Linien gefaltet und umgeklappt. Nun kannst du den Drachen wie auf dem Foto oder nach deinem Geschmack mit Filzstiften bemalen.

4 Auf die umgeknickten Ecken der Flügel streichst du etwas Klebstoff und klebst dann die Flügel an den Rumpf. Jetzt werden noch die Beine angesteckt und dann ist der Drache fertig.

Türschilder

für die Kammer verwegener Ritter

MOTIVHÖHE
Türschild Löwe ca. 30 cm
(ohne Schwert)
Türschild Drache ca. 29,5 cm
(ohne Schwerter)

MATERIAL
LÖWE
* Fotokarton in Rot und Weiß,
  je 15 cm x 30 cm

* Fotokarton oder Tonpapier
  in Schwarz, 10 cm x 15 cm

* Fotokartonrest in Blau

* Alukarton in Silber,
  36 cm x 20 cm

* Filzstift in Schwarz

* Lochzange (Löwenauge)

DRACHE
* Fotokarton in Blau,
  30 cm x 20 cm

* Fotokarton oder Tonpapier
  in Weiß, 20 cm x 20 cm

* Fotokarton oder Tonpapier
  in Schwarz, 20 cm x 15 cm

* Fotokartonrest in Rot

* Alukarton in Silber,
  36 cm x 20 cm

* Filzstift in Schwarz

* Lochzange (Drachenauge)

VORLAGE
Bogen A

Löwe

1 Den Schild schneidest du einmal in Rot und einmal in Weiß aus. Den weißen Schild schneidest du einmal senkrecht genau in der Mitte durch. Diese Hälfte schneidest du nun quer etwa in der Mitte durch. Die obere Hälfte klebst du rechts oben auf den roten Schild, die untere Hälfte wendest du und klebst sie links unten auf den roten Schild.

2 Schneide den Löwen aus, sein Auge wird mit der Lochzange ausgestanzt. Dann kannst du den weißen Kartonstreifen mit deinem Namen beschriften und ihn auf den etwas größeren roten Streifen kleben. Klebe dann den Löwen und das Namensschild auf. Zum Schluss wird das Schwert angebracht.

Drache

1 Übertrage alle Motivteile auf Karton und schneide sie aus. Das Schwert und den Schwertgriff benötigst du zweimal. Die weißen Streifen werden ohne Schablone zugeschnitten. Sie sind 3,5 cm breit und 20 cm lang.

2 Klebe die weißen Streifen auf den blauen Schild. Einen der Streifen beschriftest du mit deinem Namen, bevor du ihn aufklebst. Die überstehenden Streifenenden werden abgeschnitten. Das Auge des schwarzen Drachen stanzt du mit der Lochzange aus, bevor du ihn auf den Schild klebst. Zum Schluss klebst du die gekreuzten Schwerter auf.

Meine Tipps für dich

Variation Die Schilder eignen sich ohne Namen auch sehr gut als Wandschmuck in deinem Zimmer. Den Drachen und den Löwen kannst du ebenfalls alleine als Fenster- oder Wandschmuck verwenden.

Katapult

Wer kann am weitesten schießen?

MOTIVLÄNGE
ca. 20 cm

MATERIAL
* Sperrholz,
  6 mm stark,
  20 cm x 4,5 cm
  (Bodenplatte) und
  2 x 11 cm x 3,5 cm
  (Seitenwände)
* Flaschenkorken
  (als Munition)
* Gummilitze, 5 mm
  breit, 30 cm lang
* Acryl- oder Bastel-
  farben
* Express-Holzleim
* 2 Schraubzwingen
* Schleifpapier,
  220er Körnung
* Schwämmchen
* Holzbohrer, ø 5 mm

VORLAGE
Bogen A

1 Fertige von den beiden Teilen Schablonen an und stanze beim Seitenteil das Loch mit der Lochzange aus.

2 Nun legst du die Schablonen auf das Sperrholz. Sehr wichtig ist, dass du die Schablone vom Seitenteil direkt an den Rand der Sperrholzplatte anlegst und den Umriss mit Bleistift nachziehst, denn dann hast du einen geraden Rand, den du beim Aussägen so nicht hinbekommst. Diese gerade Seite wird später mit Leim eingestrichen und dann auf die Bodenplatte geleimt. Auch das zweite Seitenteil braucht so eine gerade Seite. Anschließend ist die Bodenplatte an der Reihe. Wenn bei ihr die Ränder nicht so gerade sind, ist das nicht so schlimm.

3 Nun werden die Löcher gebohrt. Am besten bittest du deine Eltern, dass sie dir die beiden Löcher bohren.

4 Jetzt werden die Ränder der ausgesägten Teile mit Schleifpapier geglättet.

5 Bestreiche die glatte Seite einer Seitenwand mit Leim, drücke sie auf die Bodenplatte und spanne sie mit zwei Schraubzwingen fest, bis der Leim nach zehn Minuten trocken ist. Wie die Seitenwand angebracht wird, siehst du auf der Skizze unten. Das durchbohrte Ende des Seitenteils ist

bündig mit der Bodenplatte. Später wird das andere Seitenteil ebenso angeleimt.

6 Es folgt das Bemalen mit dem Schwämmchen. Auf diese Weise lässt sich die Farbe schnell und gleichmäßig auf dem Katapult verteilen.

7 Nun ziehst du die Gummilitze durch die beiden Bohrlöcher und bindest die Enden zusammen. Die verknoteten Enden ziehst du nach unten auf die Katapultunterseite. Wenn du die Gummilitze in der Katapultrinne leicht nach hinten dehnst und dann loslässt, sollte die ungespannte Litze nicht weiter nach hinten reichen als die beiden Seitenwände. Jetzt ist das Katapult fertig.

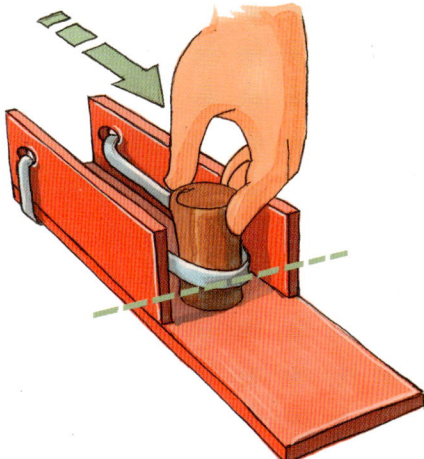

8 Als Munition dienen Flaschenkorken, die du ebenfalls bemalen kannst. Als Ziel dienen Pappröhren aus Toiletten- oder Küchenpapierrollen. Diese Papprollen kannst du entweder bemalen oder mit buntem Tonpapier umkleben. Du kannst auch noch eine Zahl auf jeden Turm schreiben oder einfach sagen, der rote Turm ist 20 Punkte wert und der blaue zehn...

Tapfere Ritter

helfen mit, auf dem Schreibtisch Ordnung zu halten

MOTIVHÖHE
ca. 32 cm

MATERIAL

* Wellpappe in Schwarz oder Silber, 22,5 cm x 15 cm (Rumpf) und 28 cm x 2,5 cm (Arme)

* Alukarton in Silber, 20 cm x 30 cm

* Tonpapier- oder Fotokartonrest in Hautfarbe

* Flaumfedern in Rot oder Schwarz

* ggf. Schaschlikstäbchen, 20 cm lang

VORLAGE
Bogen B

1 Fertige von allen Teilen Schablonen an. Der Helm wird zweimal benötigt, einmal mit und einmal ohne Gesichtsausschnitt. Bei einem Teil wird der Gesichtsausschnitt herausgeschnitten. Du schneidest dort, wo der Pfeil hinzeigt, in den Helm und schneidest dann das Innere heraus.

2 Beim Übertragen der Schablonen auf Wellpappe drehst du die Wellpappe so, dass die glatte Seite oben ist. Achte dabei auch auf den Verlauf der Wellen, die Wellen sind bei beiden Teilen senkrecht.

3 Das Rumpfteil klebst du dann zu einer Röhre zusammen.

4 Das Armteil wird erst später angeklebt. Den Schuh schneidest du zweimal aus, faltest ihn an der gestrichelten Linie und schneidest ihn noch von hinten bis zur gestrichelten Linie ein. Das hintere Teil des Schuhs wird an der gestrichelten Linie hochgeklappt und innen am Wellpapperumpf angeklebt.

5 Schneide das Gesicht (gestrichelte Linie) aus. Die Nase kannst du entweder aufmalen oder ausschneiden und aufkleben. Das silberne Helmteil wird zweimal benötigt, einmal mit und einmal ohne Gesichtsausschnitt. Klebe das Gesicht hinter den Ausschnitt im Helm. Bevor die beiden Helmteile aufeinandergeklebt werden, musst du noch die Federn einlegen. Jetzt kannst du auch das Visier aufkleben.

6 Klebe den Helm auf den Wellpapperumpf. Anschließend wird das Armteil angeklebt.

7 Jetzt fehlen noch Schild und Waffe, dann kannst du die Ritter z. B. auf deinen Schreibtisch stellen.

17

Bereit für die Schlacht

Hellebarden und Schwert

MOTIVLÄNGE
Hellebarde ca. 110 cm
Schwert ca. 34 cm

MATERIAL
HELLEBARDE
* Sperrholz, 4 mm
  bis 6 mm stark,
  20 cm x 20 cm oder
  30 cm x 12 cm
* Vierkantholz,
  z.B. 2 cm x 3 cm,
  1 m lang
* Acryl- oder Bastel-
  farbe in Silber und
  Braun

SCHWERT
* Sperrholz, 4 mm
  bis 6 mm stark,
  35 cm x 10 cm
* Acryl- oder Bastel-
  farbe in Silber und
  Blau

VORLAGE
Bogen A und B

1 Wenn du die Schablone ange-
fertigt hast, kannst du den Umriss
mit Bleistift auf das Sperrholz übertragen.

2 Wenn du schon etwas Erfahrung
mit Laubsägen hast, kannst du die
Teile jetzt aussägen, ansonsten lass
dir von jemandem helfen. Runde die
Sägeränder mit der Feile etwas ab
und glätte sie dann mit dem Schleifpapier. Auch am Vierkantholz müssen
evtl. noch die Ränder mit Feile und
Schleifpapier geglättet werden.

3 Jetzt kannst du mit dem Bemalen be-
ginnen. Verwende am besten ein
Schwämmchen, denn mit dem Pinsel dau-
ert das Anmalen viel länger und wird nicht
so gleichmäßig.

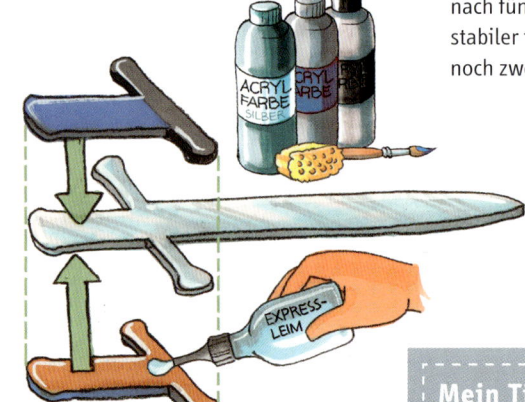

4 Wenn die Farbe trocken ist, wird die Klin-
ge der Hellebarde mit Expressleim auf das
Vierkantholz geleimt. Damit die Verleimung
gut hält, musst du die beiden Teile mit einer
Schraubzwinge zusammenhalten, bis der Leim
nach fünf bis zehn Minuten trocken ist. Noch
stabiler ist die Hellebarde, wenn du zusätzlich
noch zwei kleine Schrauben eindrehst.

5 Beim Schwert leimst du die
beiden Griffteile deckungsgleich
auf und fixierst alles während des
Trocknens mit einer Schraubzwinge. Soll es schneller gehen, kann
das Schwert auch ohne separates
Griffteil gearbeitet werden.

> **Mein Tipp für dich**
>
> **Pappe verwenden** Die Klingen der Helle-
> barde und das Schwert kannst du auch
> aus stabilem Karton ausschneiden.

Ritter Jakob

in voller Rüstung

MOTIVHÖHE
Brustpanzer ca. z.B. 45 cm
Helm ca. 15 cm

MATERIAL
BRUSTPANZER
* großer Pappkarton
* Tonpapier in Schwarz
* Acryl- oder Bastelfarbe in Silber
* dicker Bindfaden o.Ä., ø 3 mm bis 4 mm, 8 x 40 cm lang
* Schaschlikstäbchen

VARIABLER HELM
* Alukarton in Silber, 40 cm x 40 cm
* 19 bis 21 Musterbeutelklammern mit runden Köpfen
* Lochzange

VORLAGE
Bogen A und B

Brustpanzer

1   Dein Karton sollte so groß sein, dass du für Brust- und Rückenteil zwei große Stücke, ca. 30 cm breit und 38 cm hoch, abschneiden kannst. Die Längsrillen müssen senkrecht verlaufen. Vielleicht bist du auch schon etwas größer, dann schneidest du die beiden Stücke 35 cm breit und 45 cm hoch.

2   Halte ein Stück zur Probe an deine Brust. Der Panzer beginnt nicht am Halsansatz, sondern etwas weiter unten und er reicht unten etwa bis zur Hüfte. Biege diese beiden Teile, indem du sie an deine Brust hältst und die Seiten unter den Armen nach hinten biegst.

3   Die beiden Schulterteile sind jeweils 30 cm lang und 15 cm breit. Auch hier musst du den Verlauf der Längsrillen im Karton beachten. Die Schulterteile werden wie eine Brücke gebogen und dann wieder geglättet.

4   Klebe oben an die beiden Ecken des Brustteils jeweils eine Ecke eines Schulterteils an. Nimm reichlich Klebstoff und halte die Klebestelle mit Wäscheklammern zusammen. Wenn der Klebstoff trocken ist, wird das Rückenteil ebenso angeklebt. Danach kannst du mit der Schere die Ecken abrunden.

5 Schneide das Brustteil- und das Rückenteil 5 cm unterhalb des Schulterteils auf beiden Seiten 4 cm tief ein. Hier werden mit dem Schaschlikstäbchen vier Löcher für den Bindfaden eingestochen.

6 Jetzt wird der Panzer bemalt. Am besten nimmst du dafür ein Schwämmchen. Nach dem Trocknen klebst du das aus Tonkarton ausgeschnittene Kreuz auf. Erst jetzt werden die Bindfadenstücke eingefädelt und passend zu deiner Größe verknotet.

Mein Tipp für dich

Brustpanzer gestalten
Hier kannst du die im Buch gezeigten Motive aufkleben oder aufmalen. Du kannst aber auch eigene Wappen entwerfen.

Variabler Helm

1 Fertige vom Helmteil eine Schablone an und stanze mit der Lochzange die fünf Löcher ein. Lege die Schablone auf den Alukarton und zeichne den Umriss zehnmal auf, ebenso die Löcher. Schneide die Helmteile aus und stanze dann die Löcher aus.

2 Jetzt kannst du den Helm zusammenfügen. Die Teile haben oben, an der späteren Helmspitze, ein Loch und unten am Helmrand jeweils zwei Lochpaare. Lege zwei fertige Helmteile so auf den Tisch, dass ein Lochpaar des einen Helmteils genau auf einem Lochpaar des anderen Helmteils liegt. Stecke durch die beiden Löcher jeweils eine Musterbeutelklammer und spreize die Enden.

3 Verbinde so alle zehn Helmteile, bis eine Kronenform entsteht. Probiere den Helm an, vielleicht musst du ein Helmteil entfernen oder noch ein weiteres hinzufügen. Wenn der Kopfumfang passt, werden alle nach oben ragenden Kronenspitzen mit einer Musterbeutelklammer zu einem Helm zusammengefasst. Die Klammer wird von oben durch das Loch des ersten Helmteils gesteckt, dann wird das direkt daneben liegende Helmteil aufgesteckt usw.

Hinweis: Die Beschreibung des Schwertes findest du auf Seite 18, die des Schildes aus Seite 28.

Ritter Linus

Drachenritter auf Erkundungszug

MOTIV-
GRÖSSE
Helm ca. 15 cm

MATERIAL
HELM
* alte Zeitungen
* Tapetenkleister
* runder Luftballon
* Schüssel
  für Kleister
* Bastelfarbe
  in Silber
* Borstenpinsel
* Messbecher
* Blumentopf
* Wasser

Helm

1   Decke den Arbeitsplatz großzügig mit alten Zeitungen ab. Fülle in eine Schüssel einen halben Liter Wasser und gib zwei gehäufte Esslöffel Kleisterpulver dazu. Dann rührst du das Ganze gut durch. Anschließend muss der Kleister zehn Minuten ziehen. Rühre den Kleister nochmals durch, dann ist er fertig.

2   Mit einer Schere werden von der Zeitung 2 cm bis 3 cm breite Streifen abgeschnitten, dabei werden immer mehrere Lagen Zeitungspapier gleichzeitig geschnitten. Du brauchst für einen Helm etwa eine ganze Tageszeitung.

3   Lege einen Papierstreifen wie ein Stirnband um deinen Kopf. Wahrscheinlich musst du zwei Papierstreifen aneinanderkleben. Weil die Ohren auch noch in den Helm müssen, verlängere das Band noch um 5 cm und klebe die Enden zusammen. Nun bläst du den Luftballon so weit auf, dass der Papierring straff aufliegt, und bindest ihn zu.

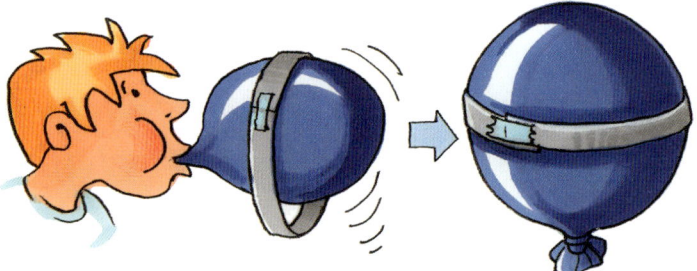

24

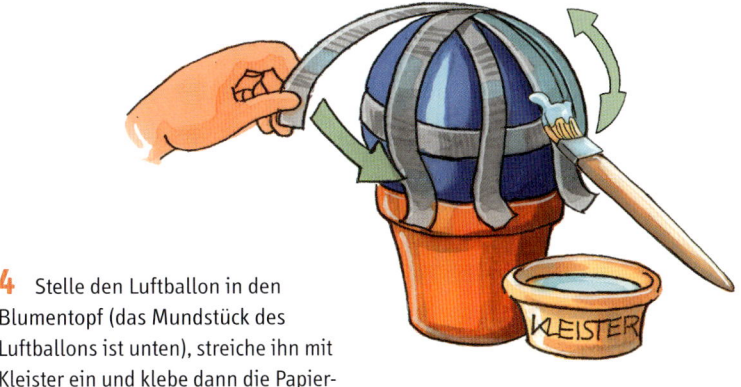

4 Stelle den Luftballon in den Blumentopf (das Mundstück des Luftballons ist unten), streiche ihn mit Kleister ein und klebe dann die Papierstreifen auf. Am besten legst du die ersten Streifen wie ein Kreuz auf den Ballon und überstreichst sie dann mit dem Kleisterpinsel. Die nächsten Streifen werden versetzt aufgeklebt und wieder überstrichen. So geht das eine Weile weiter, dann werden zur Abwechslung einige Papierstreifen rundum wie der Stirnreif geklebt. Mache so weiter, bis die Papierstreifen aufgebraucht sind. Achte darauf, dass die Papierstreifen immer glatt aufliegen bzw. mit dem Pinsel geglättet werden, sodass nachher die Oberfläche relativ eben ist. Nun brauchst du Geduld, denn der Helm muss mindestens zwei oder sogar drei Tage trocknen. Den Kleister solltest du noch aufheben, vielleicht müssen später noch Papierstreifen ergänzt werden.

5 Steche mit der Schere unten in den Luftballon und ziehe die Ballonreste aus dem Helm. Mit einer Schere werden zuerst die überstehenden Papierstreifenenden abgeschnitten. Die schönere Seite ist vorne. An der Stirn wird etwas mehr abgeschnitten als im Nacken. Schneide langsam und immer nur wenig ab, bis du die richtige Länge gefunden hast. Probiere den Helm auch immer wieder auf. Sollten die Papierlagen auf dem Helm noch zu dünn sein, können natürlich noch weitere Papierstreifen aufgeklebt werden. Vielleicht klebst du auch zum Schluss noch rundum einen Papierstreifen an, klappst den Rand nach innen und klebst ihn dort ebenfalls an, dann sieht man die Papierlagen an den Schnittstellen nicht und du hast einen schönen Abschluss.

6 Wenn der Helm fertig geschnitten ist, wird er mit einem Schwämmchen silbern angemalt.

Meine Tipps für dich

Kinnband Sitzt der Helm etwas locker, kannst du noch ein Kinnband aus breiter Gummilitze ankleben.
Helm schmücken Toll sieht es auch aus, wenn du oben an den Helm noch eine lange Feder klebst. Stich dazu z. B. mit einer Prickelnadel oben mittig ein kleines Loch ein, stecke die Feder ein und klebe sie von innen fest.

Brustpanzer

Der Brustpanzer wird genauso gearbeitet, wie auf Seite 20 und 22 beschrieben. Dieser hier ist kleiner und wurde mit einem aus schwarzem Tonpapier ausgeschnittenen Drachen und Streifen verziert.

Hinweis: Der Schild ist auf Seite 28 beschrieben.

Ritter Leo
kampfbereit und abenteuerlustig

MOTIVGRÖSSE
ca. 70 cm lang

MATERIAL
* Leintuch in Weiß
* Filz in Schwarz,
  ca. 30 cm x 40 cm
* T-Shirt (als Vorlage)
* Textilkleber
* evtl. Nähmaschine
  und Nähgarn in
  Weiß
* Bügeleisen
* Stecknadeln

1 Verwende ein T-Shirt von Mama oder Papa als Vorlage für dein Hemd. Bügle das Leintuch zuerst mithilfe eines Erwachsenen, dann legst du es doppelt auf dem Boden aus.

2 Lege das T-Shirt als Vorlage flach darauf und ziehe die Ränder mit feinem Filzstift mit einer Nahtzugabe von ca. 1 cm nach. Dann schneidest du die Teile aus.

3 Soll es schnell und einfach gehen, klebst du die Ränder mit Textilkleber zusammen (Halsausschnitt und Armlöcher offen lassen). Wenn dir deine Mama helfen möchte, kann Sie die Teile auch auf der Nähmaschine zusammennähen. Das ist natürlich stabiler.

4 Anschließend überträgst du das Kreuz mithilfe einer Schablone auf den Filz. Schneide es aus und klebe es mit Textilkleber vorne mittig auf das Hemd. Lege dazu am besten ein Stück feste Pappe in das Shirt. Trage dann den Kleber nicht zu dick auf den Filz auf und drücke ihn gut an. Nach dem Trocknen kannst du gleich in dein Ritterhemd schlüpfen.

Mein Tipp für dich

Vorlage Ein großes Shirt ist eine prima Vorlage für dieses Ritterhemd. Suche dir eines in der passenden Größe aus. Du kannst statt des Kreuzes jedes der im Buch gezeigten Motive für dein Hemd verwenden, kopiere die Vorlage einfach auf die gewünschte Größe.

Hinweis: Die Beschreibung des Helmes findest du auf Seite 24/25, die des Schildes auf Seite 28 und die der Hellebarde auf Seite 18.

Schilde mit Wappen

wichtiges Zubehör für Ritter

MOTIVGRÖSSE
ca. 40 cm

MATERIAL
* Sperrholz, 6 mm stark,
  42 cm x 22 cm (Drache) bzw.
  40 cm x 25 cm (Kreuz)
* Kantholz, 2 cm x 2 cm,
  18 cm lang
* Tonpapier in Schwarz,
  20 cm x 15 cm (Drache) bzw.
  32 cm x 22 cm (Kreuz)
* Acryl- oder Bastelfarbe in
  Rot bzw. Weiß

VORLAGE
Bogen A

1 Übertrage den Schild mithilfe einer Schablone auf das Holz. Beim Aussägen kannst du dir von einem Erwachsenen helfen lassen, wenn du noch nicht so viel Erfahrung hast. Die Ränder müssen mit der Feile etwas abgerundet und dann mit Schleifpapier geglättet werden.

2 Nimm zum Anmalen des Schildes ein Schwämmchen, das geht schneller als mit dem Pinsel.

3 Für den Griff vom Kantholz zwei 2 cm lange Würfel absägen und diese oben an die beiden Enden des Kantholzes leimen. Den so entstandenen Griff leimst du hinten auf den Schild. Damit nichts verrutscht, den Griff mit zwei Schraubzwingen fixieren.

4 Das Kreuz oder den Drachen schneidest du aus Tonpapier aus. Stanze das Drachenauge mit der Lochzange aus und klebe den Drachen bzw. das Kreuz dann auf.

Hoch zu Ross unterwegs

Steckenpferde aus Holz

MOTIVHÖHE
ohne Holzstab ca. 28 cm

**MATERIAL
PRO PFERD**

* Sperrholz, 4 mm
  bis 10 mm stark

* Vierkantholz,
  z. B. 2 cm x 3 cm,
  80 cm lang

* Langhaarplüsch in
  Grau, 3 cm x 6 cm
  und 20 cm x 15 cm

* Acryl- oder Bastel-
  farbe in Schwarz
  und Weiß

* Stoffband in Rot,
  ca. 1,5 cm breit,
  1,42 m lang

* Zwirn in Rot,
  ca. 20 cm lang

* Textilkleber

* Schleifpapier,
  220er Körnung

VORLAGE
Bogen B

1 Fertige von Kopf und Ohr Schablonen an und übertrage die Teile auf Sperrholz (Kopf einmal und Ohr zweimal). Die Ränder werden nach dem Aussägen noch mit Schleifpapier (Körnung 220) glattgeschliffen.

2 Nun kannst du die Ohren mit Holzleim anleimen. Nimm am besten Expressleim, der trocknet sehr schnell. Die mit Leim bestrichenen Ohren werden auf den Kopf gedrückt und dann am besten mit einer Schraubzwinge fünf Minuten zusammengepresst. Danach kannst du die Schraubzwinge wieder abnehmen.

3 Jetzt kann der Kopf bemalt werden. Du kannst dir selber aussuchen, wie dein Pferd aussehen soll. Ich habe einen Rappen und einen Apfelschimmel gearbeitet. Die Augen und die Nasenlöcher (beim Pferd heißen sie Nüstern) werden zum Schluss, wenn der erste Farbauftrag getrocknet ist, aufgemalt. Für die Nüstern mischst du etwas weiße und graue Farbe, damit sie sich gut vom Kopf abheben.

4 Nun wird der Kopf auf den Holzstab geleimt und zum Trocknen mit Schraubzwingen fixiert. Den Sperrholzkopf kannst du aber auch noch zusätzlich an den Holzstab schrauben. Bevor du ihn anschraubst, muss er aber zweimal durchbohrt werden. Lass dir dabei von einem Erwachsenen helfen.

5 Für das rote Halfter klebst du ein 30 cm langes Bandstück mit Textilkleber hinter einem Ohr an, dann an der Wange und an der Kehle und auf der Rückseite wieder hinter dem Ohr. Trage nur wenig Textilkleber auf, weil er sonst durch das Band durchdrückt oder als dunkler Fleck sichtbar ist. Das eine Ende eines 1 m langen Zügelbandes klebst du oben an der Schnauze an. Das andere Bandende wird auf der Schnauzenrückseite ebenfalls oben an der Schnauze angeklebt. Nun klebst du das ca. 6 cm lange Verbindungsstück quer an. Auf der Rückseite wird das zweite Verbindungsstück angeklebt. Jetzt werden die beiden Zügelbänder unterhalb des Mauls mit etwas rotem Zwirn zusammengebunden.

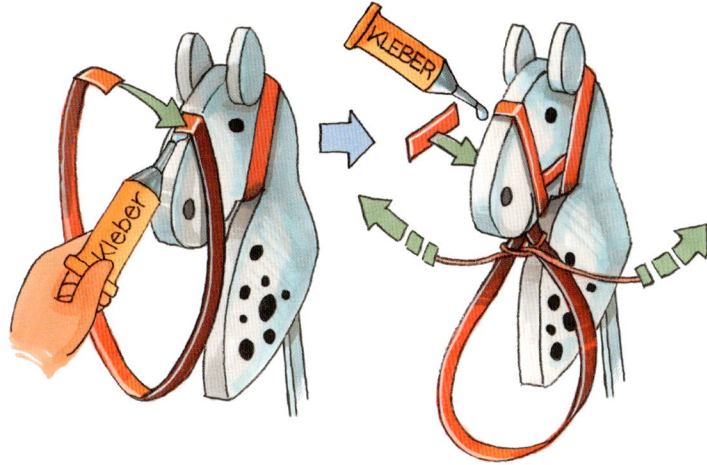

6 Danach ist der Plüsch an der Reihe. Für die Stirnmähne ist er 3 cm lang und 6 cm breit, für die Nackenmähne ist er 20 cm lang und 15 cm breit. Die Maßangaben beziehen sich auf die gewebte Plüschrückseite. Lege den Plüsch so, dass die gewebte Seite nach oben zeigt. Nun werden die beiden Mähnenteile zugeschnitten. Wichtig ist, dass du beim Schneiden die Scherenspitze immer unter den langen Haaren durchschiebst, damit sie nicht abgeschnitten werden. Die Stirnmähne wird vor den Ohren an die Stirn geklebt. Die Nackenmähne wird so über den Nacken gelegt, dass auf beiden Seiten 7,5 cm Plüsch liegen, und dann angeklebt. Jetzt ist dein Pferd fertig für einen ersten Ausritt.

Meine Tipps für dich

Papppferd Wenn du magst, kannst du den Pferdekopf auch aus fester Pappe arbeiten. Das geht zwar viel einfacher, ist aber auch nicht so stabil.

Papa hilft Wenn dein Papa eine Dekupiersäge, das ist eine elektrische Laubsäge, hat, dann kann er dir die Teile ganz schnell aussägen.

Einladungen zur Ritterfeier

Das wird ein Gelage!

MOTIVHÖHE
ca. 18,5 cm

MATERIAL
KARTE MIT
ZUGBRÜCKE

* Fotokarton in Elfenbein,
  21 cm x 18,5 cm, zur
  Doppelkarte gefaltet,
  10,5 cm x 18,5 cm

* Fotokarton in Braun,
  7 cm x 12 cm

* Tonpapierreste in
  Schwarz, Rot und Weiß

* Kordel in Schwarz,
  ø 2 mm, 40 cm lang

* 2 Holzperlen in Schwarz,
  ø 8 mm

KARTE MIT
SCHILD

* Fotokarton in Rot,
  21 cm x 18,5 cm, zur
  Doppelkarte gefaltet,
  10,5 cm x 18,5 cm

* Fotokarton- oder
  Tonpapierreste in
  Schwarz, Blau und
  Weiß

* Alukartonrest in Silber

VORLAGE
Bogen A

Karte mit Zugbrücke

1 Fertige von allen Teilen Schablonen an. Die Toröffnung musst du auch herausschneiden und die beiden Löcher mit der Lochzange ausstanzen. Dann kannst du alles auf Karton und Tonpapier übertragen und ausschneiden.

2 Die Zugbrücke wird an der Unterseite gefaltet. Dazu legst du ein Lineal an die gestrichelte Linie an und ritzt diese mit der Scherenspitze an. Nun stanzt du die beiden Löcher aus. Mit Lineal und Filzstift kannst du noch die schwarzen Linien aufzeichnen.

3 Bestreiche das untere umgeklappte Ende der Zugbrücke mit Klebstoff und klebe die Zugbrücke so auf die Karte, dass die Löcher in der Karte und in der Zugbrücke genau übereinanderliegen. Ziehe dann die Kordel durch die Löcher und klebe die Holzperlen auf die Kordelenden. Zum Schluss klebst du die Fenster, das Wappen und den Schriftzug auf.

Karte mit Schild

1 Fertige von Schild, Drachen und Schwert eine Schablone an, übertrage die Umrisse mit Bleistift auf Karton und schneide die Teile aus. Den Schild brauchst du einmal in Blau und einmal in Weiß.

2 Schneide den weißen Schild der Länge nach in der Mitte durch und lege eine Hälfte zur Seite. Die andere Hälfte schneidest du noch einmal quer durch. Klebe die obere Hälfte links oben auf den blauen Schild. Die andere Hälfte wendest du und klebst sie links unten auf den blauen Schild.

3 Der Drache ist etwas schwierig auszuschneiden, weil er so klein ist. Du kannst ihn auch aufmalen. Klebe den Schild auf die Doppelkarte. Beim Schwert malst du den Griff mit Filzstift schwarz an, bevor du es auf die Karte klebst.

MOTIVHÖHE
höchster Turm mit
Dach ca. 40 cm

MATERIAL
* Fotokarton in
  Weiß
* Tonpapier oder
  Fotokarton in Rot
* Tonpapier
  in Schwarz
  (Fenster- und
  Türöffnungen)
* Fotokartonreste
  in Rot, Blau, Grün
  und Schwarz
* Filzstift in
  Schwarz
* Teelichtgläser

VORLAGE
Bogen B

Ritter
Jakob

Willkommen zum Rittermahl

tolle Tischdekoration mit vielen Details

Fertige von allen Teilen Schablonen an, auch von Fenster- und Türöffnungen. Dann kannst du die Umrisse auf Karton oder Tonpapier übertragen und ausschneiden.

Namensschilder

1 Damit am Namensschild die beiden Seiten nach hinten gefaltet werden können, legst du ein Lineal an die erste gestrichelte Linie an und ziehst sie mit der Scherenspitze nach. Dasselbe machst du auch mit der zweiten Linie. Nun lassen sich die Seiten leicht nach hinten falten.

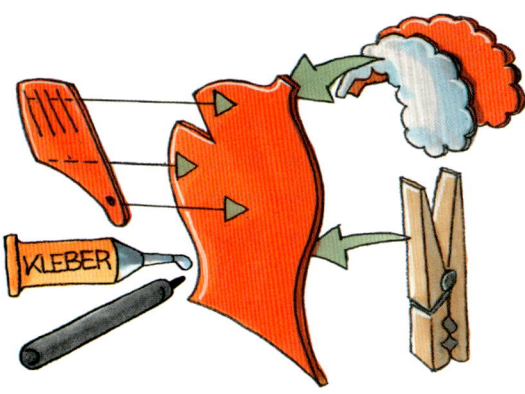

2 Jeder Helm besteht aus zwei Teilen und zwei Federn. Die Federn sind bei allen Helmen gleich. Auf das Visier kannst du mit einem schwarzen Filzstift Linien oder Punkte aufmalen. Anschließend klebst du das Visier auf den Helm. An der Helmspitze werden von hinten die beiden Federn angeklebt.

3 Beschrifte ein kleines weißes Schild und schneide es aus. Die Größe des Schildes ändert sich mit der Länge des Namens. Klebe dieses Schildchen auf einen etwas größeren farbigen Karton und schneide das Schildchen so aus, dass ein schmaler farbiger Rand stehen bleibt. Klebe dieses Schildchen auf das große weiße Schild. Den Ritterhelm kannst du entweder direkt aufkleben oder du klebst ihn auf eine kleine Holzklammer (4,5 cm lang). So kannst du den Helm am Schild anklammern und später wieder abnehmen und anderswo anklammern.

4 Arbeite noch weitere Helme und dekoriere sie auf deiner Festtafel.

Türme und Teelichthalter

1 Schneide aus schwarzem Tonpapier die Fenster und Türen aus und klebe sie auf die Turmzuschnitte. Nun klebst du diese zu Röhren zusammen.

2 Auf die Türme ohne Zinnen werden die runden Turmdächer gesetzt. Dann kannst du Flaschen oder mit Süßigkeiten gefüllte Gläser in die großen Türme stellen.

3 Aus den schmalen Zinnenstreifen klebst du die Teelichtringe und stellst ein Teelichtglas hinein.

Hinweis: Kerzen nie unbeaufsichtigt brennen lassen und Zugluft vermeiden!

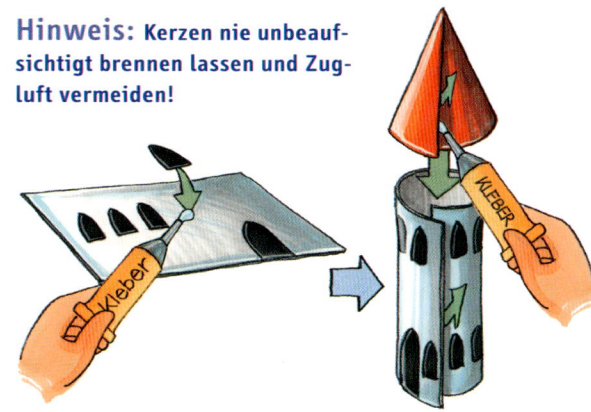

Sturm auf die Burg

abenteuerliches Würfelspiel

MOTIVGRÖSSE
A3

MATERIAL
* A3-Fotokopie des Spielplans
* Fotokarton in Grün, A3
* Tonpapierreste in Rot, Blau, Grün und Schwarz
* 2 Flaschenkorken
* 4 Zahnstocher
* dicke Buntstifte
* Würfel

VORLAGE
Bogen B

Spiel

1 Den Spielplan kopierst du im Copyshop auf das Format A3, schneidest ihn zurecht und klebst ihn dann zur Stabilisierung auf den Fotokarton. Dann kannst du ihn wie auf dem Foto oder nach deinen eigenen Vorstellungen bemalen.

2 Als Spielfiguren halbierst du die beiden Korken und malst sie an. Klebe ein aus Tonpapier ausgeschnittenes Fähnchen an einen Zahnstocher und stecke diesen in den halbierten Korken.

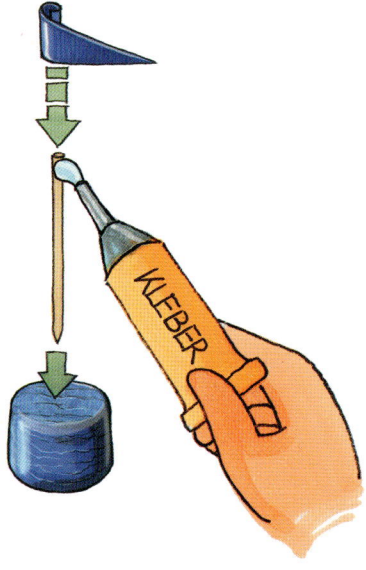

Spielregeln

2 bis 4 Spieler

Stelle die Spielfiguren auf den roten, grünen, blauen oder schwarzen Punkt. Wer zuerst eine sechs würfelt, stellt seine Spielfigur auf A und würfelt nochmals, damit A wieder frei wird.

Nun muss der Fluss überquert werden. Wer direkt auf die Brücke B kommt, darf nochmals würfeln.

Bei C ist eine Lagerstelle. Nachdem du gut gegessen und getrunken hast (eine Runde aussetzen), geht es schnell weiter. Rücke drei Felder vor.

Gefährlich wird es bei D. Hier kommt es zum Kampf mit dem Drachen. Du wirst verwundet und musst zurück auf den Ausgangspunkt A.

Bei der nächsten Lagerstelle E ruhst du dich aus (eine Runde aussetzen), dann darfst du wieder drei Felder vorrücken.

Bei F wirst du von Räubern überfallen, aber du kannst sie in die Flucht schlagen. Das kostet Zeit, und du musst eine Runde mit dem Würfeln aussetzen.

Gewonnen hat der Ritter, der zuerst genau auf G kommt.

Gefährlicher Drache im Anflug

tolles Fensterbild fürs Kinderzimmer

MOTIVLÄNGE
ca. 44 cm

MATERIAL

* Fotokarton in Rot,
  45 cm x 20 cm
* Fotokarton
  in Schwarz,
  40 cm x 40 cm
* feiner Filzstift
  in Schwarz
* 4 Wackelaugen,
  ø 5 mm

VORLAGE
Bogen A

1 Fertige von allen Teilen Schablonen an und übertrage die Umrisse auf den farbigen Karton. Der Rumpf des Drachen wird nur einmal benötigt, Horn, Ohr und Flügel zweimal und das Bein viermal. Schneide dann die Teile sorgfältig aus.

2 Beim Zusammenkleben fängst du mit den Beinen an. Klebe zuerst ein Hinterbein und dann ein Vorderbein an. Die beiden anderen Beine werden auf der Rückseite leicht nach hinten verschoben angeklebt.

3 Jetzt kannst du ein Horn und ein Ohr ankleben. Von hinten werden ebenfalls leicht versetzt das andere Horn und Ohr befestigt. Male das Drachengesicht auf und tupfe die Punkte auf den Rumpf. Die Schwanzspitze wird noch schwarz angemalt.

4 Zum Schluss klebst du zuerst den linken Flügel an. Den rechten Flügel musst du vor dem Ankleben umdrehen. Auf die Fledermäuse klebst du die Wackelaugen.

Mein Tipp für dich

Farben abändern Wenn dir ein grüner, brauner, grauer oder gelber Drache besser gefällt, schneide die Teile einfach aus einem andersfarbigen Karton aus. Vielleicht magst du auch lieber Schuppen statt Punkten oder ein grimmiges Gesicht … Lass deiner Fantasie freien Lauf!

Spieltipps

für eine gelungene Ritter-Party

Schildabwehr

Alle Ritter stellen sich im Kreis auf. In dessen Mitte steht ein Ritter mit seinem Schild. Die Ritter versuchen nun, ihn mit einem weichen Ball zu treffen. Jeder Treffer zählt, auch wenn der Ball zuerst den Boden berührt hat. Der Ritter muss versuchen, den Ball mit seinem Schild abzuwehren. Wer trifft, darf in den Kreis und den Ritter ablösen.

Ringstechen

Gespielt wird in Zweierteams. Ein Kind ist der Ritter, das andere das Pferd. Der eine nimmt den anderen Huckepack. An einem Ast in ca. 1,50 m Abstand zum Boden wird ein Plastikring (ø ca. 20 cm) aufgehängt. Im „Vorbeireiten" muss der Ritter nun versuchen, den Ring mit einem Besenstiel zu treffen. Wichtig: Vor dem Ring darf nicht angehalten werden, es muss aus dem Lauf heraus getroffen werden. Variante: Statt des Ringes kann auch ein (evtl. mit Wasser gefüllter) Luftballon als Ziel dienen. Dieser muss zum Platzen gebracht werden.

Tapferer Ritter

Wenn auch ein Mädchen eingeladen ist, bietet sich folgendes Spiel an: Die „bösen" Ritter stellen sich im Kreis auf. In dessen Mitte steht eine wunderschöne Prinzessin mit einem Ritter als Beschützer an ihrer Seite. Die Ritter versuchen, die Prinzessin mit einem weichen Ball zu treffen, ihr Beschützer muss den Ball mit seinem Schild abwehren. Wird die Prinzessin getroffen, nimmt der Werfer als König ihre Stelle ein und bestimmt den nächsten Beschützer.

Pferderennen

Mit den auf Seite 29 gezeigten Steckenpferden kann man prima Pferderennen veranstalten. Auf einer asphaltierten Fläche werden mit Kreide mehrere Rennbahnen markiert. Zwei oder mehrere Kinder reiten auf ihren Steckenpferden auf ein Signal gleichzeitig los. Wer als erster im Ziel ist, hat gewonnen.

Schatzsuche

In einer großen Kiste verstecken sich zwischen einer Unmenge an Styroporchips (Verpackungsmaterial) Süßigkeiten und kleine Überraschungen. Reihum wird gewürfelt. Wer eine Sechs hat, darf so lange in der Kiste nach Schätzen wühlen, bis der nächste Ritter eine Sechs gewürfelt hat.

Rittermahl

Bei den Rittern ging es bei Tisch sehr rustikal zu. Wer im Garten feiert, kann Bretter als Tisch verwenden. Da mit den Fingern gegessen wird, bieten sich halbe Hähnchen oder Hähnchenschenkel an. Auch Wurstspieße, die die Ritter aus Würstchen, Paprika, Cocktailtomaten, magerem Bauchspeck und Zwiebeln selbst zusammenstellen und dann vielleicht sogar über einem Lagerfeuer oder auf dem Grill selbst grillen können, kommen immer gut an.

Materialien und Werkzeuge

FESTES TRANSPARENT-PAPIER wird zum An-fertigen von Schablonen gebraucht.

BLEISTIFT, SPITZER, RADIER-GUMMI, LINEAL UND GEO-DREIECK® sollten zum Auf-zeichnen immer zur Hand sein.

Eine SCHERE und ein MESSER brauchst du zum Schneiden von verschiedenen Materialien.

KLEBESTIFT, ALLESKLE-BER, TEXTILKLEBER UND EXPRESS-HOLZLEIM werden zum Verkleben verschiedener Materialien benötigt.

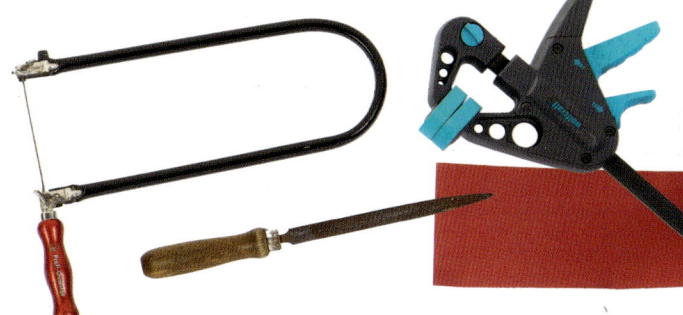

BUNTSTIFTE, FILZSTIFTE, BASTEL- ODER ACRYLFAR-BEN UND PINSEL brauchst du zum Malen. Mit Pinsel oder Schwämmchen werden Farben aufgetragen.

Für Holzarbeiten brauchst du eine LAUBSÄGE MIT SÄGETISCHCHEN, EINE FEILE, 220ER SCHLEIFPAPIER UND SCHRAUBZWINGEN.

So wird's gemacht

Vorlagen übertragen

1 Lege Transparentpapier auf die Vorlage und zeichne die Linien mit Bleistift nach. Für gerade Linien nimmst du am besten ein Lineal zur Hilfe.

2 Die abgepauste Vorlage klebst du nun auf ein Stück Karton. Für große Flächen eignet sich Klebestift besser als Alleskleber. Nun schneidest du die Vorlage mit der Schere aus. Bei manchen Vorlagen müssen auch Löcher eingestochen oder mit der Lochzange ausgestanzt werden.
Lege die Schablone auf das gewünschte Material und ziehe den Umriss mit dem Bleistift nach. Auch ausgestanzte Löcher werden übertragen. Arbeite gründlich und sorgfältig, damit dein Modell gut gelingt!

3 Ist dein Motiv aus Papier, kannst du es mit der Schere ausschneiden. Für Holzmotive lies bitte die Anleitung auf Seite 45.

> ## Mein Tipp für dich
>
> **Exakt falten** Damit sich Karton exakt falten lässt, legst du ein Lineal auf die Stelle, an der der Karton gefaltet werden soll, und ritzt die Linie mit der Spitze einer geöffneten Schere an. Wie stark du dabei ritzen musst, probierst du am besten an einigen Kartonresten aus.

Arbeiten mit Sperrholz

1 Lege die Schablone auf das Sperrholz und ziehe den Umriss mit Bleistift nach. Befestige dein Sägetischchen mit der dazugehörenden Schraubzwinge am Tisch. Nun kannst du das Sperrholz in der Kerbe des Sägetischchens sägen. Wenn du ein paar Zentimeter gesägt hast, drehst du das Sperrholz einfach ein paar Zentimeter weiter und sägst erneut.

2 Wenn die gesägten Ränder etwas wellig geraten sind, kannst du sie mit der Feile begradigen. Die Kanten des ausgesägten Teils sind vor allem auf der Rückseite oft rau und faserig. Sie werden mit dem Schleifpapier geglättet und leicht abgerundet.

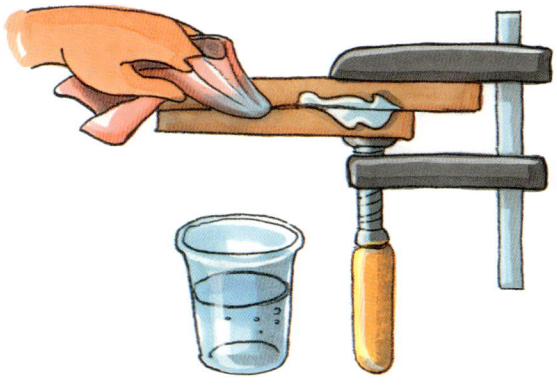

3 Sperrholz wird nicht geklebt, sondern geleimt. Express-Holzleim hat gegenüber üblichem Holzleim den Vorteil, dass er viel schneller trocknet. Nachdem du den Leim aufgetragen und das zweite Holzteil aufgedrückt hast, kommt es vor, dass seitlich etwas Leim hervorquillt. Tupfe oder wische den Leim mit einem feuchten Lappen ab. Der Leim trocknet zwar klar auf, aber später, beim Anmalen, hält die Farbe darauf nicht so gut. Die zusammengeleimten Teile müssen, bis der Leim trocken ist, fest zusammengepresst werden. Dazu nimmst du eine oder zwei Schraubzwingen.

4 Zum Bemalen eignen sich Bastel- und Acrylfarben. Kleine Figuren und Teile bemalst du am besten mit dem Pinsel. Für größere Flächen, beispielsweise die Schilde, solltest du unbedingt ein Schwämmchen nehmen. Gib einen Farbklecks in ein leeres Quarkschälchen oder den Schraubverschluss eines Glases, nimm mit dem Schwämmchen etwas Farbe auf und verteile die Farbe auf dem Schild. Die Farbe lässt sich so ganz gleichmäßig und ohne Streifen verteilen und du sparst sehr viel Zeit.

Buchtipps für Sie

TOPP 5226
ISBN 978-3-7724-5226-0

TOPP 5298
ISBN 978-3-7724-5298-7

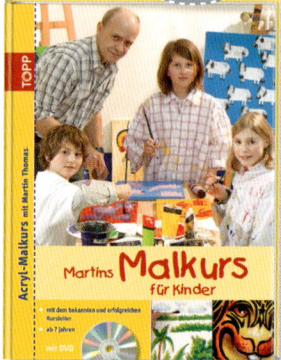

TOPP 6264
ISBN 978-3-7724-6264-1

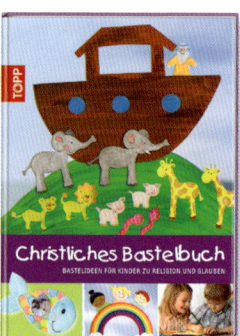

TOPP 5622
ISBN 978-3-7724-5622-0

TOPP 5626
ISBN 978-3-7724-5626-8

TOPP 5629
ISBN 978-3-7724-5629-9

TOPP 5813
ISBN 978-3-7724-5813-2

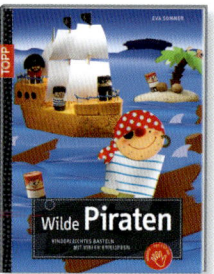

TOPP 5814
ISBN 978-3-7724-5814-9

Bastelideen für Kinder

Basteln, das heißt spielen, staunen, begreifen, lernen und die eigene Kreativität entdecken. Ob hübsche Dekoration, tolle Bastelidee oder spielerische Förderung: In diesen Büchern werden Sie garantiert fündig.

3

Die drei einfachsten Ideen

Die drei tollsten Spielideen

X

Die drei gefährlichsten Dinge

3

Armin Täubner lebt mit seiner Familie auf der Schwäbischen Alb und ist seit über 25 Jahren als ungemein vielseitiger Autor für den frechverlag tätig. Eigentlich ist er Lehrer für Englisch, Biologie und Bildende Kunst. Durch seine Frau, die unter ihrem Mädchennamen Inge Walz noch heute Bücher zu den verschiedensten Techniken im frechverlag veröffentlicht, kam der Allrounder zum Büchermachen. Zweifelsohne ein Glücksfall für die kreative Welt! Es gibt fast kein Material, das Armin Täubners Fantasie nicht beflügelt, und kaum eine Technik, die er sich nicht innerhalb kürzester Zeit angeeignet hat. Sein liebstes Material ist und bleibt aber Papier.

DANKE!

Einen herzlichen Dank an die tapferen Ritter Jakob, Leo und Linus, die viel Spaß beim Fotografieren hatten.

TOPP – Unsere Servicegarantie

WIR SIND FÜR SIE DA! Bei Fragen zu unserem umfangreichen Programm oder Anregungen freuen wir uns über Ihren Anruf oder Ihre Post. Loben Sie uns, aber scheuen Sie sich auch nicht, Ihre Kritik mitzuteilen – sie hilft uns, ständig besser zu werden.

Bei Fragen zu einzelnen Materialien oder Techniken wenden Sie sich bitte an unseren Kreativservice, Frau Erika Noll.
mail@kreativ-service.info
Telefon 0 50 52 / 91 18 58

Das Produktmanagement erreichen Sie unter:
pm@frechverlag.de
oder:
frechverlag
Produktmanagement
Turbinenstraße 7
70499 Stuttgart
Telefon 07 11 / 8 30 86 68

LERNEN SIE UNS BESSER KENNEN! Fragen Sie Ihren Hobbyfach- oder Buchhändler nach unserem kostenlosen Kreativmagazin **Meine kreative Welt**. Darin entdecken Sie vierteljährlich die neuesten Kreativtrends und interessantesten Buchneuheiten.

Oder besuchen Sie uns im Internet! Unter **www.frechverlag.de** können Sie sich über unser umfangreiches Buchprogramm informieren, unsere Autoren kennenlernen sowie aktuelle Highlights und neue Kreativtechniken entdecken, kurz – die ganze Welt der Kreativität.

Kreativ immer up to date sind Sie mit unserem monatlichen **Newsletter** mit den aktuellsten News aus dem frechverlag, Gratis-Bastelanleitungen und attraktiven Gewinnspielen.

IMPRESSUM

FOTOS: frechverlag GmbH, 70499 Stuttgart; Armin Täubner (S. 48); lichtpunkt, Michael Ruder, Stuttgart (restliche Fotos)

PRODUKTMANAGEMENT UND LEKTORAT: Claudia Mack

ILLUSTRATIONEN: Ursula Schwab, schwab:illustrationen, Handewitt

GESTALTUNG: Petra Theilfarth

DRUCK UND BINDUNG: Finidr, s.r.o., Cesky Tesin, Tschechische Republik

Auflage:	5.	4.	3.	2.	1.	
Jahr:	2013	2012	2011	2010	2009	[Letzte Zahlen maßgebend]

© 2009 frechverlag GmbH, 70499 Stuttgart

ISBN 978-3-7724-5818-7 • Best.-Nr. 5818